JN411170

새에게 묻는다

서용기 시집

문학의전당 시인선
234

새에게 묻는다

서용기 시집

문학의전당

시인의 말

어느 순간
내 몸이 소금처럼 녹아
사라질지라도
내 시가
그대 가슴에
한 방울
짜릿한 간이라도 배었으면
참
좋겠다.

2016년 8월
서용기

차례

제2부

제3부

제4부

제1부

금

책상 유리에 금이 갔다
유리는 투명한 것이 불만이었다
안 보이는 뼈와 투명한 피를
항상 드러내고 싶었던 것
뜨거운 체열을 감내해야만
비로소 투명해지는 유리의 몸속
금이 갔다고 해야 하나
금이 왔다고 해야 하나
그런데 이것 봐라 금 간 책상 유리 속
신비한 조선 반월검 하나
화석처럼 숨겨져 있다
유리는 스스로 깨지면서
거대한 혁명을 꿈꾸고 있었던 것
나에게 초승달 같은 금이 오면
얼마나 산산이 깨져야 할까
우리들의 마음속 새겨진 금은
언제 깨끗이 지워지나

아무도 거들떠보지 않았다

간밤에 강한 바람이 다녀갔다
법조빌딩에 세로로 붙어 있는 플래카드
아래쪽 끄나풀이 풀렸다
불조심 리본 같은 플래카드는
어느새 거대한 단풍잎이 되었다
바람이 불어도 떨어지지 않고
파산회생만 나부끼고 있었다
내 그리움도 오래전 파산되었으나
아무도 나를 거들떠보지 않았다
불완전한 나의 경제를
죽은 햇병아리처럼 묻고 싶었다
꽃삽으로 언 땅을 팠었다
땅은 어둠마저 안고 있는데
아무거나 함부로 묻지 말라는 듯
삽날을 튕겨냈었다
저 붉은 단풍잎을 보고
시름에 빠진 몇몇은 파산의 늪에서 회생할까
저 붉은 잎 떨어지고 나면

빌딩 옥상에서나 아파트 베란다에서
푸른 잎마저 우수수 떨어지리라
상담환영을 위하여
누군가 간밤에 저 먼 하늘로 올라갔다

은테가 은퇴에게

은퇴가 가까워지자 시력도 낮아졌다
작은 개미 같은 글씨를 보면
손으로 도수를 조절해야 한다
글씨보다는 세상 밖으로 눈을 돌려야 할 때
조직에서 버티려고 안경집에 갔다
테는 무엇으로 하시겠어요
테는 그래도 은테가 낫지 않겠어요
안경사는 알보다는 테에 더 관심 보이고
은테를 강요하지만
아직은 은퇴가 싫어서 여기까지 왔으니
가볍고 탄력이 좋은 뿔테가 좋겠다는 생각
소뿔을 떠올리며 우직하게 버티다가
더 이상 참을 수 없을 때쯤
상사든 사장이든 제 뿔로 한번 들이박고
우시장으로 떠나는 소처럼
눈물 글썽이며 은퇴할 때
비로소 은테 안경 하나 장만해 쓰고
저 푸른 하늘을 바라보자

그동안 시커멓게 탄 가슴에서
사리 몇 알 수습하고
산에 가서 소나무 껍질 어루만지며
허허 웃어도 보자

늘그막

푸른 그늘막 안 평상에 앉아
새털 같은 안개에 갇힌 산을 보았다
고양이는 평상 밑까지 왔다 갔고
두부장사는 그늘막 뒤뜰로 지나갔다
지천명까지 오는 데 억겁인 듯하였으나 찰라
하루가 한 뼘인 내 삶을 뒤돌아보니
일만팔천이백오십 뼘뿐이구나
눈 녹은 어스름 자락 찔레꽃 무늬로 찍힌
고양이 발자국은 금세 지워졌다
두부장수가 울리고 간 요령 소리도
허공에서 멀리 사라졌다
그늘막 안을 어둠이 기웃거린다
별 볼 일 없다는 듯
나는 아치형 지퍼를 올려 닫았다
그늘막 안은 참 고요하다
어느 그늘막 대나무 평상 위에선
마음의 경전을 읽던 노승이 굳어갔다
붉은 옷을 입은 젊은 스님 몇몇

대나무 평상을 통째 들고 남녘으로 갔다
늘그막엔 흔히 일어나는 일인데
아무도 늘그막이 오는 것을
짐짓 모른 척하고 있었다

흰 똥

난생 처음 흰 똥을 쌌다
내 똥은 희귀한 흰 뱀이다
내 몸속에서 흰 뱀이 살다가
똥구멍으로 탈옥하였다
좌변기 수채통에서 똬리 튼
그 흰 뱀은 너무 아름답다
금방이라도 하늘을 날아 용이 될 것 같다
내 몸 안에서 빠져나온
신성한 흰 똥 앞에서
나는 한참 망설이다가
집안에 상서로운 짐승이 들어오면
음식 대접 잘하여
고이 돌려보내야 한다는 예법처럼
그 흰 뱀 정중히 방사하였다

사라진 유물

예비군 훈련을 받던 갓 제대한 병장 출신의 무직자가
뒷동산 야산 구릉에서 최초 발견하였다는 것이다
검은 제복을 입은 발굴단은 고대 유물처럼
조심스레 구더기의 밥인 주검을 붓으로 쓸었다
피처럼 달라붙은 흙덩이가 아쉽다는 듯 부스스 떨어졌다
누군가 소나무를 흔들며 이산가족을 만난 듯 오열했다
지상에서 잠시 사라져 그토록 찾아 헤맸으나
출토된 고귀한 보물을 보고도 기뻐하지 않았다
이미 강을 건너버린 물컹한 살 붙잡고 있는 유물,
발굴단은 학술지에 낼 사진을 디지털카메라로 연신 찍어대고
학회에 보고되기 전에 유물은 국보급으로 과장 보도되었다
유물과 같은 유전자를 가진 집안의 오래된 그릇은
매장유물을 인정할 수 없다며 스스로 깨졌다
깨진 파편들 달빛처럼 반짝이다 이내 어둠 속에 묻혔다
우리들은 오래되지 않아 출토된 유물을 잊었다
일면 톱으로 장식되었던 중앙 일간지 신문 한 더미
풀이 죽은 채 노파가 끄는 손수레를 타고
재활용 하치장으로 떠나고 있었다

어죽

엘리베이터 안 하얀 거울에 누군가
손가락연필로 침을 발라 '죽어'라고 써놓았다
죽어라고 쓴 사람은 누굴 죽이고 싶었던 것일까
누가 죽어야 한다는 것일까
쉽게 죽어라고 쓴 필력이 대단히다
살아생전 아버지도 실직하자
죽어버리겠다고 어머니를 협박하고
나와 동생들을 벌벌 떨게 하였다
세월이 오래 지난 다음에야 안 일이지만
아버지는 정말 죽고 싶어서
초록빛 상표가 붙은 초콜릿색 작은 병을
어머니 몰래 헛간에 숨겨놓았다
사래 긴 밭의 잡풀을 죽이는 그 약이
내 몸에서 무성한 절망을 사라지게 하였을까
스테인드글라스처럼 그려진 '죽어'를 등지고
맞은 편 엘리베이터 거울을 보면
물속 펄 속 어지러이 살았던 망둥이
산 채로 죽어서 뭉근한 불에 제 몸 녹여

머리뼈 가시 다 버린 채 살만 남아
환절기의 입맛을 살리는
하늘나라 아버지 같은 어죽

사잣밥

어머니는 죽기 직전 유언을 하셨다
얘야, 다 못해 주어도 괜찮다만
그래도 꼭 사잣밥은 해놓아라
나를 데려가는 손님에게
밥이라도 먹여 보내야 하지 않겠느냐
죽음이 다가옴을 알고
늘 사자 발자국 소리에 귀 기울이고
깜짝깜짝 놀라셨을 어머니
이승의 질긴 끈을 무쇠가위로 싹둑 자른다는
사자에게 밥을 챙겨주라니
저승 가는 구속영장을 집행하러 온 수사관에게
뇌물까지 주라니
지상에서 어머니의 마지막 적선은
사자에게 밥을 주는 것
팔월 그 무더운 어느 날
중환자실에서 이승의 끈 끊긴 어머니
우리 오 남매는 사자가 당도했음을 알고
사자에게 그냥 가시라고 설득하고 싶었으나

이미 늦었다는 것을 흐르는 눈물이 알고 있었다
현대식 장례식장 어디에도
사자가 앉아 식사할 마땅한 자리 없어
시신 냉동고 앞에 밥상 차려놓았다
더는 뒤돌아보지 말고 훨훨
어머니 잘 모시고 가시라고
노자까지 놓고 큰절을 하는데
사자 한 명이 밥 잘 먹었다고
상주인 내 손 덥석 잡는 것 아닌가

가창오리

잔잔한 저수지 물 위에 석양이 조명을 비춘다
실직한 낚시꾼 몇몇이 관객의 전부지만
저들은 알에서 깨어나자마자 오래 연습하였을 것이다
공중에서 떼를 지어 춤을 추고
우박처럼 우수수 물 위로 몸을 던지다가
가벼이 물 위를 떠다니며
긴 부리로 어둠을 힘껏 끌어당겨
이불처럼 물 위에 덮어놓는다
물고기와 대화하는 법을 익힐 때까지
낚시꾼은 매일 물고기를 만나러 올 것이다
바람이 갈대의 머리채를 흔들면서
서먹했던 고요는 스르르 무너졌다
먼 데서 가로등이 집어등처럼 옹기종기 빛나고
부산했던 한낮의 분주도
빗물 고인 천막처럼 가라앉았다
물 위에서 잠을 자면서도
저들은 하염없이 목청만 가다듬고 있구나
이 세상에서 가장 위대한 오페라를 위하여

관객이 있거나 말거나
마지막 장이 끝날 때까지
물 위와 공중을 오가는 아슬아슬한 협연
먼 곳에서도 저들의
가창은 아주 잘 들린다

풀의 검법

저마다 하늘을 찌르는 칼을 키운다
바람으로 제 칼날을 세우고
눈비로 제 몸을 단련한다
발을 움직이지 않는 검법을 익혔으나
적은 절대 찾아 나서지 않는다
먼저 적을 향하여 칼을 뽑지도 않는다
칼끝이 지나가면 상처는 아물어도
마음의 상흔은 영원이 남는 것이니
자, 다시 한 번 장고할 것
제 영역의 드넓은 푸름을 위하여
저희들끼리 서로 칼을 겨누기도 한다
그러나 동족끼리 피를 흘리는 경우는 없다
칼로 세상을 빼앗지 않는다
오직 어둡고 찬 땅에게 은밀히 손을 내민다
초록의 새싹이 출렁이는 들판을 이룰 때까지
눈을 감아 바람으로 날만 다듬고
발을 고정한 채 달빛 아래 수도한다
이슥고 새벽녘 제 스스로 터득한 비법

스윽, 스윽 동녘 허공의 급소를 찌른다
밤새 바람과의 결투는 끝나고
이슬에 젖은 푸른 도량 가득
어둠을 뚫고 붉게 솟아오르는
아, 저 눈부신 햇살

간

어머니는 김치를 만들면 배춧잎 하나
제일 먼저 내 입안에 넣어주시며
간 봐라 하시는 것이었다
맛을 보라는 것이 아니라
간을 보라는 것
어머니 돌아가시고
자식 낳고 살아보니 알겠다
세상을 살아가는 데 필요한 것은
맛이 아니라 간이라는 것을
가난 때문에 온갖 양념 넣지 못하고
소금과 고춧가루가 전부였던 김치,
어머니는 나에게 일찍 겉멋이 아니라
속맛을 알아야 한다는 것 알려준 것이다
아무리 양념 범벅되어도
간이 맞지 않으면 아무 소용없다는 것
간을 보는 것으로 세상을 읽게 해준 것이다
김치에게 간을 배운 나는
직장 생활을 하면서도 상사의 간을 보고

퇴근해도 아내의 간도 보고
보충수업 하고 돌아온 딸아이의 간도 보고
잠을 자기 전 내 간을 보는 것으로
하루를 마감하는데
혀로 간을 보는 것보다도
눈으로 간을 보는 것이 여간 어렵다는 것
어머니는 유산으로 물려주신 것이다

대패 삼겹살

돼지가 죽자 나무가 되었다
나무가 된 돼지는 당당하게
제 살과 뼈 통째로 다 내놓고
더러는 죽어서도 웃는 모습으로
우울한 우리들을 위로하고 있다
참 대단한 내공이 쌓인 탓
살아서도 냄새나는 우리 안에서
주는 대로 먹고 참고 견디며
오직 제 몸무게 불리는 것이
주인에게 충성이라 믿었다
붉은 살과 기름, 비계가 적당히 배합된
냉동 삼겹살이 나뭇잎처럼
회전날 사이에서 뚝뚝 떨어진다
낙엽 같은 저 고기 한 봉지 사가면
단풍 구경을 가지 않고서도
집에서 가을을 맞이할 것이다
푸른 잎도 땡볕에 데이면 회색빛 낯으로 변하듯
붉은 낙엽 한 봉지 철판 위에 구우면

얼었던 빳빳함도 슬슬 녹고
수액 같은 기름기 졸졸 빠진 살점
틀니 빼고 오물오물 삼키시던 어머니
돼지가 죽어 나무 되었듯이
까만 씨 몇 톨 남겨두시고
어머니도 한 그루 나무가 되셨다
마른 장작처럼 타서 사라진 어머니
지난 시절 불효,
내 살을 깎는다

新자산어보

나는 망망한 바다에서 구멍이 숭숭 뚫린
그물의 집에 어린 물고기떼를 경작하였다
바닷물은 형체도 없이 그물 벽을 뚫고
언제든 바람처럼 들락날락거리고
조피볼락 치어들은 저 먼 바다로 도망가지 못하고
그물코가 촘촘한 가두리에 갇혀 살았다
때론 이 머나먼 섬에 갇혀 사는 것이
소란스러운 육지보다 평온하므로
갇혀 있기를 원하는 때도 있었으나
약전은 뭍이 못내 그리웠을 것이다
비린내 나는 수입산 까나리 덩어리
붉은 고무바가지로 퍼서 냅다 던져주면
주둥이만 내밀고 죽자 살자 덤비는 어린 치어들
먹고 살기 위해 덤비는 것들이 어찌 저들뿐이랴!
큰 태풍 한번 불어 닥칠 때마다
그물의 집은 찢어지고 멀리 흩어지고
조피볼락 떼는 대해로 사라졌지만
없어져야 할 수협 대출금은 오히려 불어나고

나는 조피볼락 대신 그물에 갇혀
약전이 발품 팔아 쓴 자산어보를 새벽까지 읽는다
흑산에서도 섬겨야 할 것들이 너무 많구나
주저앉아 더 이상 물러설 곳 없는 나는
어린 조피복락 이름 제각기 호명하며
헛디디면 사지인 가두리 둑을 걷는다

구름농도 측정사

나는 어머니의 전화 목소리만 듣고
어머니가 측정한 값을 읽는다
팔순을 넘긴 어머니는
구름농도 측정사 자격증뿐만 아니라
강우량 측정사 자격증도 있다
다리관절의 삐걱거림 정도에 따라
요추의 통증 난이도에 따라
구름농도는 정확히 측정되었다
잿빛 구름도 기분이 상하면
갈수록 진해지는 먹처럼 끈적거린다
끈적거리다가 마침내
제 몸 안의 피를 토해낸다
어머니는 잿빛 구름 농도 측정의 명장
나는 시간대마다 잿빛 구름 농도를 확인한다
등고선의 파고가 높은 어머니의 목소리
잿빛 구름 농도의 수치가 아주 높다는 증거
어머니가 잿빛 구름에 갇힐 듯한
불안한 주말 오후

어머니가 분주히 잿빛 구름을 측정할 때
나는 모니터 앞에 앉아 있는
마음만 급한 관제사
물방울을 제 품에 숨긴 구름처럼
어머니는 관절의 통증을 숨긴 채
큰 비 올 것 같지는 않으니 걱정 마라
구름농도 값을 낮추시는데
내 마음은 벌써 거대한 잿빛 구름 농장이다

즐거운 재단사

거대한 전지가위를 엄지 검지에 넣고
오색종이를 오리듯 구름을 자른다
조각난 구름 가족은 제각기
작은 헝겊처럼 이곳저곳 흩어진다
가끔씩 구름을 자르다 내 손가락마저 자르고
혈관에서 빠져나온 피가 구름 속에 번진다
저물 무렵 서녘 바다를 보면
내 피로 물들어진 확연한 색감
하늘의 천은 오릴 수 없다고 하지만
나는 뭉게구름을 오려 산정에 올려놓기도 하고
먹구름을 오려서 고압 전깃줄에 말리기도 한다
오려진 조각구름이 얼음처럼 떠다닐 때
새떼는 구름을 쪼아 먹기도 하고
돈벌이가 없어도 구름은 잔득 쌓인다
매섭고 깊은 겨울이 오기 전에
구름으로 만든 따듯한 옷을 달라고
양로원에서 고아원에서 대량 주문한다
나는 구름을 재단하는 즐거운 재단사

제2부

새의 친구

나는 새의 친구가 되기로 했네
하늘을 나는 새도 늘 하늘에서 나는 것만은 아니므로
땅을 걷는 나도 늘 땅을 걷는 것만은 아니므로
어느 중간에서 새와 만날 수 있다고 생각했네
나무는 새의 정거장
새가 나뭇가지에 앉아 나를 기다리는 동안
나는 지상에서 발을 떼어 나무를 오르네
새가 노래하고 있으므로
나는 새의 노래에 빠져드네
친구가 된다는 것은 제 영역을 버리는 것
새는 나는 것을 잠시 잊고
나는 지상에서 떠드는 것을 잠시 잊고
정거장인 나무에서 만나 서로 얼굴만 마주보는 것
나는 새의 노래를 듣고 있을 때 가장 행복하네
새와 친구가 된다는 것은 시끄러운 지상을 버리는 것
먼지 가득한 지상이 구름처럼 떠 있네

연체동물

딱딱한 패각을 굽은 등에 짊어지고
물 깊은 낮은 곳을 기어 다니신 어머니
어둔 밤 발을 헛디뎌 물속으로 빠진 이후
양지바른 곳으로 나오시려고 몸부림하셨으나
끝끝내 진흙투성이에서 한 생애 마감하셨다
아버지 돌아가시고 오 남매 키우면서 빌린 사채는
비 온 후 죽순처럼 무성하게 자라고
어머니는 그 빚 모두 갚느라
붉은 고무장갑 벗은 적이 없었다
물속이 제 영토인 연체동물처럼
펄의 관습에 너무 익숙하신 어머니
연체하지 마라 최고하는 지하 대부업자
장기라도 떼서 갚아 달라는 독촉이
저녁 무렵 폭풍처럼 닥쳐오면
낮은 데서 낮은 데로 더는 갈 곳 없어
질퍽한 펄 속으로 몸을 숨기는데
펄 구렁에서도 자꾸만 네 얼굴 떠올라
아무리 서글프게 울어도

파도가 울음소리 삼켜주었단다
너는 오직 북두칠성 힘 받아서
거친 바다 잘 헤쳐 가기 바란다 하시더니
조개처럼 천천히 눈을 감으신 어머니는
연체 없는 저 드넓은 우주에서도
나를 위해 반짝이고 계실까

바람의 DNA

도립도서관 3층 남쪽 열람실에서 관찰한다
날개가 파란색인 흔들리는 4층 모빌 같은
강둑 근처 빙글빙글 돌고 있는 바람개비
허공에서 어지럼을 타고 있는 저 염색체는
반시계방향으로 돌고 있으므로
바람이 순간 감았던 태엽을 풀고 있는 것이다
하루에 몇 바퀴를 돌아야 밤이 오고
밤이 온 다음 또 몇 바퀴를 돌아야
붉은 옷이 대지를 감싸는 새벽이 오는 것일까
바람은 새처럼 허공에 발자국을 남기지 않는다
더러는 거친 보폭 때문에 수군거리던 갈대는
한쪽으로 쏠려 일어서질 못한다
미세한 모래알마저 흰 눈발처럼 날리기도 하지만
바람은 모든 경계를 안개처럼 점령한다
바람의 염기 서열을 볼 수 있는 것만으로도
바람과 사돈을 맺는 행운을 얻는다
딱따구리는 다 닳은 바람의 지문도 읽고
심장까지 파고들어가 피를 빨 수 있다고 믿는다

나도 바람의 유전자를 밝히기 위해
바람의 피 몇 방울 점적병으로 채집하여
내 가슴속 원심분리기에 넣고
초고속으로 돌리고 있는 깊은 밤이다

화장장에서는 아무도 화장하지 않는다

그는 유서도 없이 죽었다
살아서 할 말 없었기 때문이다
할 말 있었다면 목매진 않았을 것이다
그에게 할 말 훔친 자는
사람이 아닌 돈이었다
받아야 할 돈과 갚아야 할 돈이
얼음 짝처럼 꽁꽁 얼어붙자
그의 마음도 점점 얼어붙기 시작했다
급기야 아내가 잠시 마트에 간 사이
화장실 손잡이에 넥타이를 걸어
칠십 킬로그램의 무게를 목에 맡긴 것이다
허리도 닿지 않는 그 높이에서
어떻게 목을 매 죽을 수 있을까
의문을 가진 자들은 모른다
목매달 높이는 키와 상관없다는 것을
그녀의 아내는 2박 3일 동안
그의 사진 앞에 엎드려 통곡하였다
그와 소주잔을 부딪친 적이 있는 친구들

그에게 불길한 조짐은 전혀 눈치채지 못했다며
듬성듬성 찾아와 죽은 자의 안부를 물었다
그는 화장할 것이다
삶과 죽음의 플랫폼에서는
태어날 때 그 얼굴빛이어야 하므로
화장장에서는 아무도 화장하지 않는다

물속의 궁전

나는 서른세 해가 되어서야
물속의 궁전을 지을 터를 찾았다
은은한 달빛 아래서 대패질도 하고
번득이는 도끼날로 나무의 뿔도 찍어냈다
천년 묵은 싸리나무 기둥을 세우고
금강소나무 서까래도 올렸다
드디어 상량한 날, 그녀는 상냥하게 웃었다
정원에 박힌 그녀의 하얀 이빨들
큰바람이 불어와도 가라앉지 않을
아주 작은 물속의 궁전이 완성되었다
도편수인 나도 언제인가 물속의 궁전에서
사십 주 살았던 때 엊그제 같은데
고서화처럼 누렇게 바랜 출궁의 내력
그녀와 나는 새 임금을 밤마다 기다렸다
민들레 홀씨 같은 어린 임금들이 여러 번
궁전 앞까지 왔다가 그냥 돌아갔다
이러다가 심연으로 가라앉지는 않을까
어머니는 아무도 몰래 삼신할멈께

새 임금의 입궐 안내를 독촉하였다
불을 끄고 임금의 행차를 기다리던 어느 해
우주의 작은 별장인 물속의 궁전에서
스물아홉 칠 일 머물다 불쑥 지상으로 뛰쳐나온
850그램 붉은 물고기 한 마리
궁전 밖은 불안한 웃음소리 환하였다

차이나

팔만삼천 원짜리 와이셔츠
이만 원에 샀다
오랜만에 횡재를 했다
직사각형 상자에서 그를 꺼내
내 상체를 넣어본다
인형처럼 내가 웃는다
상자에 갇혀 있던 주름을 지운다
여공이 뜯다 만 실밥 몇 개도 빼낸다
오른쪽 겨드랑이 밑에
그의 이름표가 달려 있다
그는 차이나 출신
아무리 겉과 속을 훑어봐도
차이가 없는데
그는 분명 차이나다니!

나비너트

차디찬 꽃대 위에 앉아
흔들림 없이 묵상 중이다
향기도 없는 그 작은 꽃대 위에서
어디로 날아갈 줄 모르고
날개를 쭉 편 채 고행 중이다
꽃나무는 푸른 잎마저 졌는데
허공의 길을 잃고
전 생애의 가부좌라니!
가슴속에 희미한 등불 하나 켠 채
오직 한 사람만 마음속에 품고
그리워하다 딱딱하게 굳어버린
비로소 꽃대와 한 몸이 된
저 배추흰나비 한 마리

물의 거처

물은 구름 속에 집을 짓는다
구름 속에 아기자기 모여 사는 물
우리들은 물의 집을 찾아가지 않는다
물의 집에 가려는 방문객은
새털처럼 가벼운 마음의 소유자라 할 조건이 있다
아무도 그 조건에 충족하지 않았으므로
물이 어떻게 사는지 우리들은 궁금해 할 뿐
구름은 물의 속내를 잘 알고 있다는 듯
물이 화를 내면 덩달아 화를 낸다
성난 바람이 물의 집에 무수히 화살 쏘아댈 때
물은 제대로 저항 한번 못하고 쓰러진다
물의 시체가 지상으로 우수수 떨어진다
우리들은 물의 시체가 투명하다는 것을
언젠가부터 까마득히 잊고 살았다
작은 웅덩이마다 물의 무덤이 생긴다
가끔씩 물의 무덤이 떠다니기도 한다
해는 물의 무덤 곁에서 서성거린다
물은 하늘에서 사는 종족이었으므로

해는 물의 시체를 메고 하늘로 간다
물의 시체가 허공에 오를 때 쌍무지개가 떴다
마침내 뭉게구름 속에는
물의 작은 집들이 옹기종기 입주할 것이다

산정의 독서

고계봉 산정도서관
구름이 먼저 읽고 간 책을 읽는다
책은 이미 고서가 되고 녹이 슬었다
녹슨 글씨는 피 같기도 하고 꽃 같기도 하여
산의 여백이 행간인 책
함부로 다 읽을 수 없다
산에서 책을 읽는 동안 무거운 마음은
모두 산 아래 내려놓는다
새처럼 아주 가벼운 마음으로 가야 하는 고계봉
바람이 갈피를 넘기는 녹슨 격언의 책을 읽다보면
걱정 가득한 산 아래 시름은 눈처럼 녹는다
산에서 책을 읽는 모습을 오래 간직하려는 듯
녹슨 글씨와 손을 잡고
하늘 유리창을 배경으로 사진을 찍는다
바람도 어깨동무하며 사진을 찍자고
머리칼을 붙잡고 얼굴을 내민다
고계봉에서 보았던 철로 된 서체는
봉학리 김남주 시인 생가 시비 철판에서 빠져나간 것

조국은 하나다
죽도록 외치다가 철판에 손톱으로 시를 쓰고
고계봉의 구름이 된 시인이여
걸어서 갈 수 없는 북녘
언젠가는 새를 타고서라도 가고 싶다

겨울 입주

잡고 있던 하얀 이승의 줄을 놓았다
쿵하고 굿 속에 몸 도장을 찍는다
이승에서 땅속으로 가져갈 것은
삼베로 감싼 저 육신뿐이었다니!
자식들에게 골고루 눈물 유산 남겨주고
하늘로 입주하신 아버지
하늘나라에서는 아버지를 축복하듯
하염없이 성긴 눈발 뿌려주고 있었다
비닐하우스에서 자랐을 국화 한 송이
관 위에 고이 올려놓는다
아버지의 키 높이도 채 안 될
저 지실의 깊이가 아버지의 집이었구나!
살아생전 제 집 장만하지 못하신 아버지
숨을 놓고 나서야 우리들은
혼자 누워 사실 아버지의 광
중국산 석재로 튼튼하게 만들어드리고
이승을 마감한 날이 저승에서 태어난 날로 찍혀 있는
하늘나라 주민등록증 같은

작고 검은 빗돌도 세워드렸다
산역꾼들은 이제 뒤돌아보지 말고
산길 조심하여 내려가라 보챘으나
자꾸만 뒤돌아봐지는
언 잔디로 지붕을 엮은 저 이글루
곁에 계실 때 잘 했느냐 따져 묻듯
된바람은 양 뺨 후려치는데
흰 눈은 되돌아갈 길마저 지워버리는데
점점 멀어지는 갓머리
새로 입주하여 호젓한 아버지께
고라니랑 산토끼랑 찾아와선
집들이 하라 아우성이겠다

허밍

그저 입속에서 웅알거리는 소리이다
입 크게 벌리고 튕겨나가고 싶은 충동이다
가슴 깊은 곳에서부터 고동치는 진원이었으나
성대가 터지도록 높은 음역에서
소스라치게 작아지는 소리
그래도 주연처럼 노래하고 싶었다
큰북 위에서 쇠구슬이 튀듯
그렇게 춤추고 싶은
소리의 벽을 뚫고
저 멀리 날아가고 싶은

으으으음 으으으음
으으으음 으으으음

다행히도 악보 한 자리를 차지하고
그림자 같은 비정규직처럼

으으으음 으으으음

제주역에서

뭍에서 영영 떨어져 살 줄 알았는데 살다보니 기차를 타고 목포에 갈 수 있구나. 물러지기 전에 너에게 보내려고 푸릇푸릇한 감귤을 땄던 때가 엊그제인데 인제 그럴 필요 없어 아무 때나 잘 익은 놈 골라 기차 편으로 너에게 보내니 시면서도 그 단맛 너도 알 것지야. 풍랑이 일면 가고 싶어도 갈 수 없었고 대설주의보라도 내리면 금방이라도 달려가고픈 마음 한량없었으나 갈 수 없는 그 마음 너도 잘 헤아렸지야. 뭍에 시집을 보내고 한 번도 네가 사는 모습 보지 못해 늘 가슴 아파했다만 가지 않아도 마음 편안한 이 어미 마음 알겠느냐. 무슨 일이 있으면 금방이라도 달려갈 수 있어 내가 죽더라도 눈 편히 감을 수 있을 것 같다야. 올 구정에도 밤기차를 타고 와 올망졸망 보따리 들고 돌담 돌아서 올 너희 가족을 그리다보니 겨울 긴긴 밤도 술술 넘어가고 된바람이 아무리 불어도 춥지 않구나. 나이 들어 할 일 없다 보니 사람들 얼굴이 그립기도 하여 가끔씩 제주역 대합실을 기웃거린다야. 종착역인 제주에서 내리는 사람들의 표정과 제주역에서 뭍으로 떠나는 사람들의 표정을 셈하듯 비교하다 돌아오면, 토실한 감귤 수확한 듯 오진 기억이 가득 찬단다. 따듯한 봄 되면 내 한번 가마. 그때까지 몸 성하게 잘 있어라.

대패의 독서법

진이 다 빠진 나무의 살을 깎는다
나무는 맨살일 때
제 나이테를 드러낸다
나이를 먹을수록 아름다운 무늬를 가진 나무
나무에게 상처가 있다는 것을
날카로운 대팻날이 가장 먼저 안다
나무의 상처를 읽는 동안
대팻날도 제 몸에 상처를 남긴다
아픔은 가슴으로 이해해야 한다는 것
맨살이 드러나고
나이마저 밝혀질 때
고전의 향기를 품어내는 책
나무에게서 종잇장을 벗겨내며
나무의 내력을 탐독하는 대패
배흘림기둥에게
곧은결판자에게
두루마리 편지를 쓴다
비로소 대패의 외눈박이 눈이 반짝인다

매미처럼 나무에 붙어
나무의 전기를 읽고 나면
대패의 몸은 난로처럼 따뜻하다

전기톱

나는 전기톱이다
백년 묵은 나무도 순식간에 먹어 삼키는
수백 개의 번득이는 이빨을
고속으로 회전시킨다
뼈 대신 톱밥을 토해내며
산 나무를 먹어 삼키는 뱀파이어
아무리 아파도 좀처럼 피를 흘리지 않는 나무
비로소 쓰러지면 아주 천천히
오랫동안 눈물을 흘리는
그리하여 제 몸속에 남아 있는 물
눈물로 모두 흘려보내는 나무
나는 나무를 먹는 전기톱이다
늑대처럼 슬프게 울며
푸른 잎 왕성한 살집 좋은 나무를 골라
날카로운 이빨을 드러낸다
나는 나무를 쓰러뜨리고
나무의 장례까지 주재하는 염사
바람의 안식처였던 가지들이 나뒹군다

계절의 시계였던 나뭇잎도
제자리에서 아기의 발처럼 움츠린다
내 이빨이 녹슬기 전에
나는 나무를 포식해야 한다
뱀파이어처럼 나무의 밑동에 이빨을 들이대고
나무의 맑은 수액을 빨아먹어야 한다
나무가 쿵쿵 쓰러지는 소리를 듣고
나의 존재를 깨닫는다
나는 나무를 먹고 담대해지리라
너와 나의 사이 깊은 강을
고속 회전하는 이빨로 가르리라
강줄기마저 두 동강 내리라

로또

나는 높은 성공의 확률을 믿고 싶었다
그래서 어려운 통계학을 공부하였으나
예상문제만 풀었으므로
범위를 벗어난 문제는 풀 수 없었다
학교에서는 쉽게 풀 수 있었던 문제
가정에서 직장에서 예상 외 문제 때문에
나는 술병에게 자주 물었다
술병은 과외교사처럼 술술 설명하였다
그까짓 문제가 뭐냐고
틀리던지 맞던지 둘 중 하나
모든 정답은 미래에 있다는 것을 나는 알고 있었다
미래를 아는 자는 이미 죽은 예언자들뿐
예언자들은 천진해서 별과 대화도 했었다
미래를 미리 알 수 있는 확률은 814만 5060분의 1
내 나이 45세가 넘었으므로
1에서 45까지 자유로이 선택할 것이다
나도 1/N의 당첨자가 될 수 있으므로

제3부

웃는 김밥

그는 웃다가 옆구리가 터진다
슬금슬금 삐져나오는 노란 내장
초록 혈관을 나무젓가락으로 줍는다
그는 옆구리가 터져도
아무렇지도 않다는 듯 웃는다
나도 내장이 삐져나오고
혈관이 찢어지도록 웃고 싶다
터진 제 가죽에 붙어 있는
하얀 피톨 같은 저 밥알들
옆구리가 실한 그도
옆구리가 터진 그도
누군가 간지럼 피운 듯 웃는다
나는 웃고 있는 그의 웃음을 먹는다
얼마나 큰 웃음보따리를 풀어놓았기에
저토록 내장이며 혈관까지 쏟아놓고
낄낄낄 웃는 것일까

군 달걀

달걀이 은박지 옷을 입었다
달걀은 은박지 옷을 입었을 때
너무 따듯해서 참 행복했을 것이다
생애 처음으로 입어보는 은빛 외투
달걀은 은괴처럼 은은하게 빛났다
분수도 모르는 화려한 치장은
질투와 질시가 따르는 것일까?
면장갑을 낀 사내는 아무렇지도 않다는 듯
달걀 하나 오븐에 넣고 다이얼을 돌린다
가쁜 숨을 잠시 가다듬던 달걀은
껍질이 감옥이라는 것을 알았을 것이다
은박지가 수의라는 것도 알았을 것이다
임종 앞에서는 몰랐던
전 생애의 의미를 순간 깨닫는다
오래된 고대 미라를 수습하듯
조심조심 달걀의 흰 수의를 벗긴다

무료급식소

무료로 주는 밥을 먹기 위해
무료했던 사람들이 줄을 선다
우리들이 이웃을 잊고 사는 동안
한 끼 밥을 위해
뭇사람들이 줄을 서는구나
한 그릇을 먹고도 부족해서
몰래몰래 다시 줄을 서고
한 그릇을 더 얻어먹는
우리들의 이웃 속엔 가족도
조국도 잃어버린 난민이 살았구나
더러는 이빨도 없고
더러는 몸도 가누질 못하면서
한 끼 김 나는 밥을 기다리는
우리들의 이웃이었으나
까마득히 이웃인 줄 몰랐던
저 어두운 얼굴의 행렬
안개가 돋는 밥과 국 앞에서
묵념하듯 밥을 마신다

애벌레 떼의 식사법

라면발 같은 애벌레 떼가 나를 먹는다
나는 속수무책 애벌레 떼의 밥이다
냄새나는 곳, 더러운 곳에 까진
아주 부드럽고 가벼운 수천수만 알들
누가 부르지 않아도 얼굴 들이댄다
눈도 발도 없는 애벌레 떼의 어린 시절
내 썩은 몸은 애벌레 떼의 행복한 놀이터
내 엉덩이에서 미끄럼을 타고
내 심장에서 숨바꼭질할 때
조금씩 갉아져 소멸하는 나는
아직도 갈 길 먼데 어쩌나
애벌레 떼는 여태 식사하고 있다
참 맛있게도 게걸스레 드신다
허공에 뜬 나마저 배부르다
나는 보드라운 살 한 점
누군가에게 떼어준 적 없었다가
썩고 문드러져 강제로 먹히고 있다
한 곳에 발붙이고 살아본 적 없던 나는

인제 붙어 있는 살도 없어 가볍다
애벌레 때의 즐거운 포식도 끝나고
끙끙거리며 며칠째 두문불출
마침내 하얀 집에서 훨훨
날아오르는 나비, 나비여!

무쇠가위

그는 동그라미가 달린 X이다
그의 오랜 본업은 지독한 이간질
늙은 창녀처럼 다리를 쭉 벌리고
누군가 다리 안으로 파고들기를 기다리지만
경기가 불황인 요즘엔 아무도 얼씬거리지 않는다
오늘도 어제처럼 가위표를 치며
이빨 다 닳도록 조이던 다리는
한일자로 굳게 입 다물고 있다
그는 천을 오려내는 일 잊어버리고
인제 불고기집에서 핏빛 고깃덩이를 자른다
비로소 그의 얼굴에 생기가 돈는다
스스로를 지킨다는 게
때론 제 본질도 잊어버리고
낯선 얼굴을 찾아 다리를 벌려주는 일
하루라도 폈다 오므렸다 하지 않으면
그는 금세 하반신이 마비된다

대봉

어두운 종이박스 안에
대봉을 가두네
서녘 놀빛 같은 감은
붉은 태양을
맨살로 느낀 바람의 감촉을
찬 서리의 새벽 추위를
가끔씩 떠올리다가
단단했던 온몸의 세력이 약해지면서
점점 홍시가 되어가는 중이네
어둠 속에서 면벽하며
물컹하게 변해가는 대봉
완고함을 내려놓고
더 부드러워져야 할 것이
어찌 대봉뿐이랴

냉동 송편

송편이 꽁꽁 얼어 있는 동안
살았다고 해야 하나
우리들의 입으로 들어가
씹히는 동안 죽는다고 해야 하나
냉동실에서 일 년 동안 잠잔 송편이
참 오랜만에 외출하였다
딱딱하게 굳어 있는 몸이 점점 녹는다
반달무늬 초록의 떡이 말랑말랑해졌다
송편의 마음이 들뜨고 있다는 것
우리들이 살아가는 동안
말랑말랑한 기분은 몇 번이나 있을까
처음 빚을 때처럼 솥에 찌면
송편은 차지고 고소한 맛으로 다시 태어날까
나도 냉동실에서 며칠 꽁꽁 얼었다가
밖으로 나와 해동되면
부드러운 진흙처럼 말랑말랑해질까
증기는 이미 굳어버린 뼈마디에 스며들었다가
연기처럼 빠져나간다

나는 냉동 송편처럼 괜히 마음이 들뜬다
삶이 팍팍할 때
우리들도 솥에 들어가 볼 일이다

붉은 새우

붉은 새우는 붉은 고추를 닮았다
고생대의 데본기 때부터
바다에서 고추처럼 살아온 붉은 새우
철없이 그물에 걸려들고
어이없이 투명 봉지에 갇히고
붉은 새우의 운명은 독립투사 같다
마른 붉은 새우를 안주 삼아
고운 놀빛 맥주를 마시다 보면
가끔씩 붉은 새우의 수염이
보드라운 혀를 찌르기도 하지만
까칠한 붉은 새우의 수염은
이제 생명을 위협할 창끝이 아니다
늘 등이 굽은 자세로 살아왔을
저 붉은 새우들을 바라보면
나도 어느 때인가는 등도 굽고
매운 성깔도 마르고 닳아
누군가의 술안주가 되리라는 것
나도 붉은 새우를 닮고 싶다

겨울 무

겨자과 한두해살이 풀이로구나
땅속에 하얀 집을 짓고 살았던 뿌리
손톱으로 옷을 벗겨 한입 베어 물면
매콤한 것인가 아릿한 것인가
도무지 알 수 없는 뿌리의 생각
꽁꽁 얼어붙은 눈 덮인 들녘
바람은 땅속까지 찾아가
뿌리의 초심을 흔들어보지만
언 땅에 묻힌 제 삶 확고하구나
씹어 삼키면 뱃속에서
함박눈이 되는 무

그릇

한 공기의 밥을 다 비우고
우물 같은 그 안을 들여다본다
따뜻한 밥알을 안았던 한때
사기그릇도 제 온몸이 따뜻했을 것이다
작은 별 같은 그릇은
언제 하늘로 올라갈 수 있나
무료한 시간만 제 몸 가득 채웠을 것이다
흰 밥알이 빠져나간 텅 빈 그릇
무엇이 그릇되었다는 듯
커다란 눈으로 나를 쏘아본다
서로 엉킨 쌀밥 다 비운 나도
걸어 다니는 가죽자루이다
나는 그릇처럼 비우지 못했다
그릇이 나에게 그릇됨을 일깨운다
찬장 안 사기그릇은 공양탑이다
그릇이 그릇되면 깨진다
채운 것을 비우는 그릇처럼
내 속을 들여다보지 못한 나도

자루를 자주 비우지 않으면
맑은 물을 채울 수 없으리라

등뼈

'등뼈'라고 간판이 붙어 있는 식당에서
등뼈에 달라붙은 살 바른다
주인아주머니는 완전 푹 삶았다고 하나
뼈는 살 꼭 움켜쥐고
살은 뼈 놓으려 하지 않는다
뼈와 살의 찰떡 사랑이
돼지머리와 네 발 붙들고 살았을 것이다
뼈와 뼈 사이 굳게 달라붙은 힘줄은
왜 이리도 힘이 센지
젓가락과 이빨 힘만으로 안 되겠구나
냄새나는 우리 안에서 한 생애
네 발로 맴돌면서
그저 주는 것만 먹고 배설하고
그 위에서 잠잤을 돼지
우리들의 삶, 고고한 척하지만
직립보행과 이성을 빼면
돼지나 개나 소나
사는 게 뭐 다르다고 할 수 있을까

돼지는 제 등뼈 살 발라먹고
내 휘어진 등뼈 곧추세우라 한다

나무주걱

뜨거운 열기 가득한 무쇠 솥에서
머리 처박고 김 무럭무럭 오르는 밥
확 뒤집어 공기에 퍼 담는 일
나는 숙명인 줄 알면서도 수행처럼
그 일을 즐겁게 떠받치며 살았다
먹고 사는 걱정이 남달랐으므로
이름마저 주걱이라 하였을 것이다
나의 삶은 부적처럼 부뚜막에 걸려
아궁이에 불이 지펴지기를 기다렸다
어느 때인가는 아궁이에서 활활
아카시아 생장작 타는 소리 엿들었으나
나는 밥 푸지 못한 때도 있었다
외눈으로 조용조용 사방을 보았다
너무 캄캄한 부엌문 사이로
죽순처럼 스며든 환한 달빛
그때는 나의 형이 정말 보고 싶었다
나의 형은 오늘도 은빛 물비늘
쉼 없이 휘저어 강을 건너고 있으리라

나의 형도 나처럼 아리게 그리울 것이다
산 아래 외딴 그 집은 겨울이면
눈만 풍년이었다, 주인집 아들은 흰밥 대신
흰 눈을 세숫대야에 고봉으로 퍼 담았다
마당 한가운데 덩그러니 서 있는 눈사람
나는 외팔로 눈사람을 안아보았다
무쇠 솥처럼 아늑하고 따뜻하였다

혀

나무는 수만 개의 초록 혓바닥을 가졌다
혓바닥이 하나인 나무는 시름시름 앓다가 죽을 것이다
혓바닥 날름거리며 바람을 먹어도
바람이 나무의 혓바닥을 핥는 것 같은 착시
제자리에서 좌우로 몸을 흔들어
허공을 조금씩 갉아먹는 느릅나무
대낮의 갈증도 허기도
밤마다 이슬을 받아먹고 참는다
소나기가 지나갈 때
수만 개의 혓바닥은 작은 북
갈참나무가 신갈나무에게
가장 아름다운 노래를 부르는 것도 그때다
수만 개의 혓바닥은 여름 햇살에 데이고
늦가을이 되어서야 하나 둘 떠나간다
나무는 금세 초라한 알몸
나무 곁을 떠나지 못하는 저 붉은 혓바닥
벌거숭이 나무는 바람의 경전만 읽는다
온몸이 돌처럼 얼어붙어도

나무는 수많은 어린 가지마다
소복한 흰 눈을 우표처럼 붙인다
이윽고 따뜻한 날이 오면 우표를 붙인 자리마다
초록 혓바닥은 새록새록 다시 돋아날 것이다

비화

바람에 날리는 꽃잎처럼
허공에 날아다니는 꽃이라니!
꽃의 존재는 짧고 강렬하다
나도 날아다니는 꽃이고 싶다
활활 타오르는 불 속에서
제 열기에 못 이겨
제 마음대로 날아오르는 불똥
불똥도 어둠 속에서는 아름다운 꽃이어서
까만 재만 남기는 것은 아니다
솟아오른 불티는 마음대로 날아다니며
조명탄처럼 환한 꽃밭을 이룬다
반딧불이 같은 작은 불씨는
멸치떼 같은 화염을 만든다
닿는 것을 거침없이 태운다
나는 한순간만이라도
공중에서 활짝 핀 붉은 꽃이고 싶다

제4부

늙은 대장장이의 노래

나도 한땐 사성대장이었다
나무지휘봉 대신 쇠메를 들고
무딘 쇠를 단련하는 장군이었다
나의 지휘법은 그저 내리치는 것
벙어리 같은 쇠를 다독이며 독백도 즐겼다
언젠가부터 문명이 달콤해지면서 나는
그동안 받았던 훈장을 모두 반환하였는데
아직도 쇠만 보면 불에 달궈
모루 위에 놓고 계속 때리고 싶었다
각을 만들고 날을 세워서
찬물에 담금질하고 싶었다
아직도 나는 늙은 대장이므로
무표정한 쇠붙이의 병졸들을 거느리고
저 거대한 먹구름을 헤치고 헤쳐
늦게라도 하늘까지 침범하리라
그리하여 별 넷만 삼지창으로 뚝 따서
내 모자에 배지처럼 달리라

새에게 묻는다

어머니 살아계실 적 음력 정월이면
상년 신수라도 알아다 주고
삼재 부적이라도 건네주었는데
해가 바뀌어도 나의 신수는 알 길 없구나
운도 공이 없으면 불운이 따르고
불운도 다스리면 운이 오는 것이니
아무것도 믿지 말라는 아내의 충고
정월 초하루 나는 묻겠다
내가 밖에서 처음 보는 새에게
나의 일 년 운세는 어떠하냐고
새는 이미 나의 운세를 알고 있을 것이다
나의 운세는 지상에 있는 것이 아니라
저 먼 우주의 섭리에 있다는 것
새가 우는 것도
새가 나는 것도
다만 누군가의 불행에 부조한다는 것을
지상에서 믿고 견딜 수 있는 일이라곤
가끔씩 새에게 말을 건네는 것

새가 응답할 때까지
하염없이 기다리는 것
비로소 내가 새의 벗이 되는 날까지
나의 운은 일급비밀이라는 것

명태

웅덩이 같은 어둔 방안에 붉은 노을이 가득 번져 있었다
일일구차가 슬피 울면서 먼저 왔다
대학병원 응급실로 간 그녀는 이미 마른 물고기였다
이제 갈 사람이니 헛고생 마라
나뭇잎이 속삭이듯 여운을 남겼다
물고기가 뭍으로 나와 파닥이듯
그녀는 이승의 냉수 한 모금만 달라 했다
하늘색 가운을 입은 의사는 사자처럼 그녀를 응시했다
수줍지도 않게 그녀의 속옷이 벗겨졌다
마른 물고기에서 흰 비늘이 떨어지듯
그녀의 몸에서도 아주 작은 비늘 떼가 우수수 떨어졌다
물고기의 살이 사라지면 가시만 남는 것처럼
작은 웅덩이에서 고단하게 살았던 그녀
까만 꽃씨 몇 톨 지상에 남기고 별이 되겠다는 것
뒤늦게 온 그녀의 새끼 물고기는
물속으로 다시 가자며 헤엄치며 살자 했다
기적이라도 일 듯 물기 없는 그녀를 흔들어보지만
링거에서 뚝뚝 떨어지던 눈물 같은 물방울은 이내 멈췄다

그녀는 물속인 듯 사지의 지느러미 미세하게 떨다가
아무도 못 따라갈 그곳 저 광활한 우주로 헤엄쳐 갔다
언제 알았는지 창밖에선 새들이 날아와
가로수마다 눈꽃 같은 조등을 매달고 있었다

코르크참나무

결혼 십 주년이 되는 날이었다
열 살배기 딸아이는 한 해 용돈을 모아
마술사 모자 같은 하얀 케이크를 사왔다
돈 쓰는 마음이 새가슴인 나는
프랑스산 포도주 한 병 샀다
이윽고 밤이 되자 하얀 모자 위에
열 개의 해 기둥이 세워졌다
이토록 한 해 쉬이 가 벌써 열 개라니!
해 기둥 끝에 이미 저버린 해를 달았다
신혼에서부터 칠삭둥이 출산
관절염 앓아온 세월, 금세 중첩되었다
나는 코르크 병따개로 포도주 병마개를 열었다
쿵하고 코르크참나무 쓰러지는 소리 들렸다
글라스에 붉은 포도주 붓기 전
나는 한참 동안 묵념하였다
숲의 누더기 입고 있던 아름드리나무
십 년에 한 번씩 제 옷 벗어
수천수만 포도주병 입을 틀어막았구나

우리도 인제 고이 벗어야 할 때 오리라
오백 년 동안 오십 번의 옷을 벗고도
춥다 덥다 말 한 마디 없이
그 자리에서 제 옷 다시 만들어
하늘 바라보며 의젓이 서 있는
코르크참나무처럼 우리 어머니처럼

버드스트라이크

이상하지
나도 활주로를 날고 있는데
거대한 어미 새 같기도 하고
무표정한 괴물 같기도 한
굉음을 내며 빠르게 나는 저 새는
도대체 누구냐?
저 이상한 새에게 말을 걸다가
여러 차례 죽을 뻔했지
아니 이미 죽은 녀석들도 많아
저 새는 무엇을 먹고
공룡처럼 컸는지 궁금하다
밖으로 터진 심장의 프로펠러는
초고속으로 돌고 있는데
저 새의 심장으로 들어가는 방법은
천천히 날 때
내 머리로 들이박는 것
저 새의 정체를 알기 전
나는 죽을지도 모른다

그러나 나는 안다
내 박치기 한 방으로
저 거대한 새도 날지 못하게 할 수 있음을
저 거대한 새가 정작 두려워하는 것은
무모하게 덤비는 나 같은
하찮은 존재라는 것을

나무 눈발

잿빛 나무의 시체 가득한 목재소에서
염천 태양 같은 둥근톱 쉴 새 없이
나무의 배를 가르고 있었다
한 번도 제 뱃속을 꺼내 보지 않았으나
켜켜이 두른 나이테의 원은
물결무늬 판이 되고 있었다
제재소 바닥 가득 수액의 길이었던
피죽들 수북수북 쌓였다
나무의 가지들은 만장이 되어
벌써 뫼에 길에 흩어졌다
소나무 굴참나무 느티나무 은사시나무
띠톱은 허리, 목을 자르고
둥근톱은 판, 각을 켜는
여섯 자 나무의 시체 도막들
더러는 가루로 빚어진 합판도 되고
더러는 기둥과 벽도 되겠지만
죽어서 저토록 아름다운 무늬
새겨내는 것은 정말 나무뿐일까

죽은 사람의 집이 되기도 하는
상긋한 향기 내품는 송판들
강시처럼 서 있는 우윳빛 각목들
제 살을 켜 소담스럽게 만든 눈
하염없이 흩날리고 있었다

자작나무 숲

흰 눈 덮인 자작 숲에서
무딘 손톱으로 한지 같은 자작 껍질을 벗겼다
자작은 금세 부끄러운 알몸 드리우고
나는 자작 껍질을 모아 불을 지폈다
자작 영혼이 자작자작 탔다
타고남은 자작 껍질을 꿰매
차갑고 꺼칠한 수의 한 벌 지었다
언젠가 어머니도 수의 한 벌
자개장롱 깊숙이 몰래 간직한 걸
나는 애써 모른 척, 하였다
자식들 모두 떠난 빈집 토방에 앉아
풀 먹어 빳빳한 수의는 언제 입나?
지상에 내려온 흰 눈발의 높이
낮은 시력으로 가늠하실 어머니
눈 덮인 자작 숲 빠져나와도
눈발은 늑대처럼 뒤쫓아 오고
자작 껍질 칭칭 감는 듯
나는 한 그루 자작이 되었다

숯 화분

검게 탄 굴참나무 굵은 뼛조각
물도 없는 수반 위에 서 있었다
타면서 제 몸에 불의 길 만들려고
스스로 도끼를 찍었는지
저들의 머리 위에 지문처럼
새겨져 있는 나이테마다
여러 갈래 이빨자국 심어져 있었다
굴참나무의 열반 위에서
깨달음의 수액을 빨아먹으려는
풍란 한 촉의 뿌리
이미 숯이 된 굴참나무의 시신은
우리들의 사악한 마음마저 껴안으려 하는데
어제까지 산책로에 서서 벗이었던
저 굴참나무, 아랫도리를 자르고
자잘하게 몸통 잘라 가마 속에 태우고
마지막 남아 있는 그의 신성한 힘
우리들은 잔인하게 빼앗고 있었다

사자

나는 한때 제왕이었어요
싸움을 잘하는 탓도 있었겠지만
황갈색 갈기의 위엄 때문이에요
다른 녀석들은 나처럼 함부로
멋있는 갈기를 가질 수 없어요
내 위엄이 갈기에 집중된 것만은 아니에요
탄소강처럼 단단한 송곳니
드러내지 않는 갈고리발톱도
내 위엄의 증표이지만
무엇보다도 강력한 위엄은
이 산에서 으르렁거리면
저 산 나뭇잎까지 파르르 떠는 내 포효이지요
나는 예전처럼 달리고 싶어요
시속 80킬로미터 속도로
개울과 언덕을 가로질러
잡목과 억새 숲 사이를 뚫고
초원을 맘껏 달리고 싶어요
내 큰 눈동자에 구름이 강물처럼 흐를 때

이미 사라진 내 위엄은 다시 올까
한참 동안 떠올려보다가
그래도 한때의 영화가 있었으므로
이까짓 우리 안의 굴욕이 무슨 대수냐고
스스로 위안을 해봐요
던져주는 질긴 고기만 먹다 보니
외식을 한 것이 오래된 것 같아요
고라니며 멧돼지가 출몰하는 지역에서
야간 사냥을 하고 싶어요
나도 한때 제왕이었다는 것을
뼛속 깊이 깨닫고 싶어요

구름 결혼식

흰 구름이 먹구름과 손을 잡고
웨딩마치에 맞춰 행진하고 있었다
흰 구름이 사풋사풋 걸어가면
먹구름은 반 발자국으로 걸어서
태양의 제단을 향해 다가가고 있었다
태양의 주례사는 간단했다
오래오래 흩어지지 말 것
하객인 바람은 헤프게 웃고 있었다
노총각인 바람은 심술이 났을 것이다
신부인 흰 구름의 드레스 속을
엉큼하게 엿보는 바람
그때 먹구름은 바람의 눈을 가렸다
바람은 아무것도 볼 수 없었다
하늘빛이 가끔 회색빛인 것은
흰 구름과 먹구름의 애정행각이라는 것을
하늘에서 빗방울이 떨어지는 것도
먹구름의 정액이라는 것을
지상에서는 아무도 모른다

밤낮으로 저들의 사랑이 방자하지만
저들의 사랑이 없었다면
우주는 별 조각 하나 없는
허허벌판이 되었으리라
밤마다 별들의 질투도 맹렬하다

꽃상여

어머니는 한평생 진 곳에서만 살았다
진 곳에서 살았으므로
손바닥마저 마를 때가 없었다
자식만은 대궐에서 살 수 있도록
온종일 허리 한번 제대로 펴지 못하고
늘 호미질이며 삽질로
고단한 노동의 성을 쌓았던 어머니
고장 난 경운기처럼 더 이상 툴툴거리지 못하고
심장이 멎을 때
어머니는 꽃상여를 떠올렸을 것이다
지상에 발 딛지 않고
하늘로 오르는 법은
모든 것을 땅에 내려놓는다는 것
가벼운 발걸음은 뒤돌아보지 않는다
나 죽더라도 울지 마라
너희들 잘살 생각이나 궁리해라
죽으면 육신은 한 줌 재에 지나지 않는 것
애야, 그래도 능력이 되면

꼭 꽃상여 한번 타고 싶구나
하늘에 갈 시간이라고
붉은 닭이 울고
어린 광대들이 물구나무서서 하늘을 보고
황룡 청룡이 하늘 길을 안내하는
멋진 꽃상여 한번 타보는 소원
너는 알지야
나는 어머니의 마지막 소원을 들어주지 못했다
제주 본태박물관에 전시된 상여를 처음 본 나는
상여 속으로 몰래 들어가 엉엉 울고 싶었다

유달산은 섬이다

산이 섬을 낳았으나
산은 섬을 키울 수 없었다
고아가 되어버린 세 개의 섬
목포항에 가도 북항에 가도
바다가 우는 소리를 잘 들을 수 있는 것은 삼학도 덕분이다
유달산 자락 호남선의 종착역에서
밤기차를 타고 몰래 서울로 도망갔던 사람들
가족의 안부가 그리울 때면
〈목포의 눈물〉을 불렀다
노래만 부르면 속이 시원해지는
그래서 기쁜 일이 있어도 슬픈 일이 있어도
목 터져라 부르던 그 노래
유달산 오포대에서 바라보면 안다
아직도 선장들은 유달산은 섬이라고 우기면서
낡은 어선들이 폐선으로 되기 전에
목포에서 완전 분가시키겠다고
동명항 땅바닥에 갈고리 말뚝을 박고
동아줄로 묶어 바다로 끌어내고 있다는 것을

큰 바람이 불 때마다
조금씩 흔들렸던 유달산은 고아가 되어버린 삼학을 껴안고
비로소 세 자녀를 품은 섬이 될 것이다
어디선가 긴 뱃고동이 울린다
인제는 이유 없이 눈물을 흘리지 않으리라
검은 바다로 항해를 떠나도 콧노래를 부리리라
물방울 뚝뚝 떨어지는 은빛 그물에
희망만 가득 잡아 올려서
차디찬 어창에 가득 싣고
거센 바람을 등지며 귀항하리라

스티로폼 상자

둥근 입자로 만들어진 상자 안
조기들이 노란 줄에 꿰어 누워 있었다
상자 안이 조용하므로
조기들은 수면실에서 잠자는 아기처럼 보였다
금방이라도 녹아 사라질 것 같은
눈덩어리 상자는 아늑하고
따뜻한 작은 방이었다
조기들은 잠에서 깨어나면 파닥일 것이다
짚도 아닌 나일론 줄에 꿰인 조기들
한 때 유영하는 그림을 그리면
찬 물속보다는 천국이고
방황할 때보다는 행복한 얼굴빛이다
벽도 바닥도 지붕도 온통 흰색뿐인
너무 춥지도 않고
너무 덥지도 않는
사각 이글루 같은 방에 갇혀 있는
조기들의 눈동자를 바라보았다
조기들의 마른 눈동자 안에

매운바람이 들어갔다가 나온 자국이 남아 있다
언젠가는 우리들의 관도
가벼우면서도 녹지 않는
흰 눈덩어리 상자로 배달될 것이다

청둥오리떼

럭비공처럼 둥둥 떠 있는 청둥오리떼
붉은 물갈퀴 발로 힘껏 노를 저어
십여 미터씩 돌진하다가 세차게 더 세차게
양 날개 퍼덕이며 물 위에서 허공으로 이륙하는
저 놈들의 재주를 보자 나는 금세 초라해졌다
언제부턴가 나도 물 위를 걷고 싶을 때 있었고
하늘을 나는 꿈 하염없이 바라는 때 있었다
그러나 나는 수상오토바이 한번 타보지 않았고
행글라이더에 몸 한번 묶어보지 않았다
내가 할 수 없는 일 누군가 이루었을 때
부끄럼 없이 부러움만 앞서는 것일까
저 청둥오리떼도 밤새 추위에 떨다가
새벽녘까지 배고픔에 굶주리다가
움츠린 날개 추스르고 언 땅 맨발로 벗어 나와
여명이 깃든 호소 위에 가벼이 앉아
아침 명상에 푸욱 잠겼을 것이다
하늘에서 세상을 내려다보며
간밤의 두려움도 툴툴 떨쳐버릴 것이다

해설

탈각을 읊다; 시원적 정조(情操)의 재해석

백인덕 시인

1.

시가 지향하는 목적, 같은 말이지만 시작(詩作)이 진행하는 방향 중의 하나는 '세계와 인생에 대한 이해'가 있다. 우리는 보고, 느끼고, 만지고, 냄새 맡는 감각으로부터 출발하지만 그 감각적 소여(所與)에 만족하기보다는 그것을 통해 더 넓은 앎, 즉 미지의 차원(次元)에 대한 인식을 구축하고자 노력한다. 아마도 이것은 지적 생명체로서, 철학적 용어로 바꾸면 '실존을 사유하는 개체'로서 지극히 자연스러운 현상일지도 모른다. 다만 한 가지 주목해야 할 점은 '세계와 인생'의 일종의 범주라 할 수 있는데, 세계의 경우 우리는 우리가 비롯되었던 시원적 층위와 우리를 둘러싸고 있는 현실적 세계를 구분할 수 있다. 간단히 말해 '부모/사물들'이 세계에 대한 우리의 인식을 대표한다는 것이다. 마찬가지로 인생도 두 개의 형질(形質)이 우리의 인식 형성에 영향을 미치는데, 하나는 물론 자기 정체성(identity)의 일부라 할 수 있는 자아의식이고 다른 하나는 타자(The Self)를 에워싸고 있는 세계의 구성물들의 운명으로부터 역 반사(反射)된 의식이다. 결론적으로 '세계와 인생에 대한 이해'란 시의 강력한 동기(動機)이자 목적으로서 시를 단순한 정서의 차원이 아닌 정조(情操)의 층위로 끌어 올린다.

서용기 시인의 이번 시집, 『새에게 묻는다』는 바로 이런 시적 특성, 즉 '세계와 인생에 대한 이해'라는 목적을 지향할 때 구조화되는 독특한 정조를 자신만의 방법적 선택(시적 기교)을 활용하여 극적으로 형상화한 작품들로 가득하다.

책상 유리에 금이 갔다
유리는 투명한 것이 불만이었다
안 보이는 뼈와 투명한 피를
항상 드러내고 싶었던 것
뜨거운 체열을 감내해야만
비로소 투명해지는 유리의 몸속
금이 갔다고 해야 하나
금이 왔다고 해야 하나
그런데 이것 봐라 금 간 책상 유리 속
신비한 조선 반월검 하나
화석처럼 숨겨져 있다
유리는 스스로 깨지면서

거대한 혁명을 꿈꾸고 있었던 것
나에게 초승달 같은 금이 오면
얼마나 산산이 깨져야 할까
우리들의 마음속 새겨진 금은
언제 깨끗이 지워지나

—「금」 전문

일상의 사소한 발견, "책상 유리에 금이 갔다"는 사실이 강력한 시적 모티프가 되어 시상의 전개를 촉발한 작품이다. 구조상 이 작품은 크게 두 부분으로 나뉜다. 1~11행까지의 전반부는 시각적 현상의 기술이라 할 수 있다. 물론 "안 보이는 뼈와 투명한 피를/항상 드러내고 싶었던 것"은 상상의 내용이지만 이는 '유리'를 의인화한 데 따른 표현상의 수법이다. 14~17행의 후반부는 상상적 소망의 형상화라 할 수 있다. "우리들의 마음속 새겨진 금은/언제 깨끗이 지워지나"라는 일종의 탄식이나 의문으로 끝맺고 있지만, '금'을 지우는 방법이 투명한 상태의 복원이나, '산산이 깨져야' 하는 결단이라는 점이 잘 암시되어 있다. 이 구조적 분할의 가장 중요한 점은 12~13행, 즉 "유리는 스스로 깨지면서/거대한 혁명을 꿈꾸고 있었던 것"이라는 시적 명제가 전반부의 결론으로 해석될 수도 있고, 후반부의 전제로도 해석 가능하다는 점이다. 뒤에 자세히 언급하게 되겠지만, 서용기 시인의 의인화라는 시적 수법의 특성이 그대로 드러나 있다. '사물의 세계 → 나의 현실 → 궁극의 목표'라는 일종의 계열체를 형성한다는 것인데, 이를 통해 수법(기교)이 단순한 도구가 아니라 인식적 틀이 될 수도 있다는 점을 실증적으로 보여주고 있다.

2.

우리의 근원(根源)은 어디일까? 시인이니까 당연히 언어(모국어)라 해야 할 것이다. 하지만 그만큼이나 확실한 사실은 생물학적으로 우리의 근원은 부모라는 것이다. 요즘이야 복제니 뭐니 다른 생각을 할 여지가 많아지기는 했지만, 유전적 연속성이라는 측면에서 이해하면 부모야말로 '나', 정신적 활동의 총제인 '자기'가 아니라 이름 붙여진 물질로서의 '아무개'의 확실한 시원이 된다. 다만 우리는 그것을 시간의 표면 위에 '기억'이란 이름으로 저장할 수밖에 없고, 그 기억마저도 '언어'로 대체하여 표현할 수밖에 없는 한계적 존재일 뿐이다.

딱딱한 패각을 굽은 등에 짊어지고
물 깊은 낮은 곳을 기어 다니신 어머니
어둔 밤 발을 헛디뎌 물속으로 빠진 이후
양지바른 곳으로 나오시려고 몸부림하셨으나
끝끝내 진흙투성이에서 한 생애 마감하셨다
아버지 돌아가시고 오 남매 키우면서 빌린 사채는
비 온 후 죽순처럼 무성하게 자라고
어머니는 그 빚 모두 갚느라

붉은 고무장갑 벗은 적이 없었다
물속이 제 영토인 연체동물처럼
펄의 관습에 너무 익숙하신 어머니
연체하지 마라 최고하는 지하 대부업자
장기라도 떼서 갚아 달라는 독촉이
저녁 무렵 폭풍처럼 닥쳐오면
낮은 데서 낮은 데로 더는 갈 곳 없어
질퍽한 펄 속으로 몸을 숨기는데
펄 구렁에서도 자꾸만 네 얼굴 떠올라
아무리 서글프게 울어도
파도가 울음소리 삼켜주었단다
너는 오직 북두칠성 힘 받아서
거친 바다 잘 헤쳐 가기 바란다 하시더니
조개처럼 천천히 눈을 감으신 어머니는
연체 없는 저 드넓은 우주에서도
나를 위해 반짝이고 계실까

—「연체동물」 전문

이번 시집에 수록된 서용기 시인의 작품들은 대체로 어떤 구조적 완결성을 특성으로 드러내는데, 거기에 가장 큰 역할을 하는 것은 의인화가 아니라 시어의 중의적 사용이다. 이 수법도 몇 가지 갈래로 정리할 수 있는데, 우선 어휘 자체가 중의적인 사용이 가능한 경우다. “삶과 죽음의 플랫폼에서는/태어날 때 그 얼굴빛이어야 하므로/화장장에서는 아무도 화장하지 않는다”(「화장장에서는 아무도 화장하지 않는다」)에서처럼 ‘화장’이 아무런 변형 없이 ‘시신을 태우는 장례법’과 ‘얼굴을 꾸미는 일’의 두 개의 의미에 다 걸리는 경우다. 그리고 한 어휘의 앞뒤를 바꿔 전혀 다른 의미를 만들어내는 경우다. 가령 「늘그막」의 “어느 그늘막 대나무 평상 위에선/마음의 경전을 읽던 노승이 굳어갔다”처럼 ‘늘그막’을 ‘그늘막’으로 읽거나 「어죽」에서처럼 “엘리베이터 안 하얀 거울에 누군가/손가락연필로 침을 발라 ‘죽어’라고 써놓았다”의 ‘죽어’를 ‘어죽’으로 읽어 의미를 과장하거나 축소하는 경우다. 또 하나는 일종의 펀(pun)인데, “그는 차이나 출신/아무리 겉과 속을 훑어봐도/차이가 없는데/그는 분명 차이나다니!”(「차이나」)처럼 ‘차이나(중국)’를 ‘차이(다름) 나’로 읽는 것이다. 이 펀의 경우에는 일종의 해학을 통한 비판이라는 특징을 갖는데, 이번 시집의 경우 빈도(頻度)가 가장 낮다는 점에서 역으로 서용기 시인의 시적 의미가 아직은 무겁고 어둡다는 것을 반증하기도 한다. 끝으로 인용 작품에서처럼 음성적 유사성을 토대로 연상 작용의 활성화에 기여하는 경우다. ‘연체동물’은 문자 그대로 동물계의 하위 분류의 한 명칭이다. 여기서 “정해진 기한이 지나도록 지체하다”라는 의미의 ‘연체’를 떼어내 읽게 되면 전혀 새로운 의미가 형성된다. 인용 작품의 경우 이 음성적 유사성에서 나아가 ‘펄’이라는 어머니와 연체동물의 생활 터전이 중첩함으로써 시적 효과를 극대화하고 있다. 물론 ‘펄’이 갖는 ‘헤쳐 나오기 어려움’이라는 의미도 가

세한다. 바로 이러한 면들이 이번 시집의 표면적 구조를 단단하게 만들고 있다.

앞에서 시원을 양친(부모)이라 했지만, 이는 단순히 생물학적 이해를 바탕으로 한 발언에 가깝다. 굳이 정신분석의 '오이디푸스 콤플렉스'를 언급하지 않더라도 우리는 대개의 경우 '날것(raw)'으로서의 기억과 이미지, 언어를 어머니에게서 찾는다. 그 어머니에 대한 회고가 생생하게 펼쳐진다. "아버지 돌아가시고 오 남매 키우면서 빌린 사채는/비 온 후 죽순처럼 무성하게 자라고/어머니는 그 빚 모두 갚느라/붉은 고무장갑 벗은 적이 없었다"는 신산(辛酸)의 원인은 「어죽」에서도 짧게 그려진다. 아버지의 실직과 "초록빛 상표가 붙은 초콜릿색 작은 병"의 위협은 시인의 유년을 어둡게 했을 것이고, 그 어둠의 농도만큼이나 어머니에 대한 애련(哀憐)을 짙게 했을 것이다. 어머니는 자신이 짊어진 불운 속에서도 "너는 오직 북두칠성 힘 받아서/거친 바다 잘 헤쳐 가기 바란다"라는 당부를 잊지 않으셨다. 이 당부는 다음과 같은 실천적 가르침으로 연결된다. 시인이 이를 잘 헤아리고 있다는 데서 그 울림의 파장이 더욱 더 커진다.

어머니 돌아가시고
자식 낳고 살아보니 알겠다
세상을 살아가는 데 필요한 것은
맛이 아니라 간이라는 것을
가난 때문에 온갖 양념 넣지 못하고

소금과 고춧가루가 전부였던 김치,
어머니는 나에게 일찍 겉멋이 아니라
속맛을 알아야 한다는 것 알려준 것이다
아무리 양념 범벅되어도
간이 맞지 않으면 아무 소용없다는 것
간을 보는 것으로 세상을 읽게 해준 것이다

—「간」 부분

일반적으로 부정적 뉘앙스가 강한 '간을 보다'를 시인은 새롭게 읽고 있다. 물론 그 자신도 "혀로 간을 보는 것보다도/눈으로 간을 보는 것이 여간 어렵다는 것"을 '어머니의 유산'이라고 단언하고 있지만, 이는 엄밀하게 정의하자면 '반어(irony)'라 해야 할 것이다. 일종의 언어적 반어인데 "자식 낳고 살아보니 알겠다"라는 전제가 어쩌면 간도 쓸개도 다 빼놓을 처지였을 어머니를 상기하면서 시적 발화를 엄정하게 구속하고 있기 때문이다. 시인도 세상살이에서는 "눈물 글썽이며 은퇴할 때/비로소 은테 안경 하나 장만해 쓰고/저 푸른 하늘을 바라보자"(「은테가 은퇴에게」)고 다짐할 수밖에 없는 존재이기 때문이다. 그러므로 이 작품의 진정한 전언은 누가 뭐래도 "겉멋이 아니라/속맛을 알아야 한다"는 시적 명제로 귀결된다.

이번 시집을 다른 방향에서 읽는다면, 깊은 정서의 사모곡이라 해도 무방할 것이다. 평생의 질곡 속에서도 마지막 소원이 "나 죽더라도 울지 마라/너희들 잘살 생각이나 궁리해라/죽으면 육신은

한 줌 재에 지나지 않는 것/얘야, 그래도 능력이 되면/꼭 꽃상여 한번 타고 싶구나"(「꽃상여」) 하시던 어머니에 대한 진한 그리움이 시 곳곳에서 배어나기 때문이다. 하지만 시인은 이 애잔한 정조(情調)를 자기 삶의 중심으로 끌어와 정조(情操)로 바꿔 보여준다. 이는 어머니의 소원대로 궁색하나마 "시신 냉동고 앞에 밥상"(「사잣밥」)을 차렸을 때, "사자 한 명이 밥 잘 먹었다고/상주인 내 손 덥석 잡는 것 아닌가"라는 섬뜩한 상상, 어머니가 없는 세상에서 다음 차례는 맏이인 자신일 거라는 비극적 숙명에의 눈뜸이 있었기 때문이다.

3.

주지의 사실이지만, '세계와 인생에 대한 이해'는 칼로 두부 자르듯 일도양단(一刀兩斷) 되지 않는다. 오히려 "세계관 + 인생관 → 가치관"처럼 결합하여 등치 너머의 현실을 지향한다. 살고 싶은 세계와 인생을 꿈꾸고 생각하게 한다는 것이다.

앞에서 이미 "유리는 스스로 깨지면서/거대한 혁명을 꿈꾸고 있었던 것"(「금」)이라는 시적 명제의 전후 작용을 통해 제 속의 '조선의 반월검'을 드러내고 싶었던 사물(유리)의 꿈이 "마음속에 새겨진 금"을 깨끗하게 지워내고 싶은 인간(시인)의 꿈으로 전환되는 것을 살펴보았다. 이번 시집에 서용기 시인이 담고 있는 (이는 물론 '어머니'로부터, 아니 그 전생이 비춰준 어떤 진실로부터 유추된 것이지만) 또 하나의 시적 의미는 '혁명'이란 시어에 함축된 새로운 세계, 엄밀하게 말하면 새롭게 인식된 세계를 지상에 구축하려는 의지의 표명이다.

현실은 이렇다. "큰 태풍 한번 불어 닥칠 때마다/그물의 집은 찢어지고 멀리 흩어지고/조피볼락 떼는 대해로 사라졌지만/없어져야 할 수협 대출금은 오히려 불어나고/나는 조피볼락 대신 그물에 갇혀/약전이 발품 팔아 쓴 자산어보를 새벽까지 읽"(「新자산어보」)거나 "내 그리움도 오래전 파산되었으나/아무도 나를 거들떠보지 않았다/불완전한 나의 경제를/죽은 햇병아리처럼 묻고 싶"(「아무도 거들떠보지 않았다」)은 날들의 연속이다. 자연재해나 인위적 재앙이나 이 모두를 개인의 불운으로 치부(致賻)하기 바쁜 세상은 생생한(vivid)한 현실이지만, 병든 현실이고 마땅히 격렬하게 지양되어야 할 세상이다. 그러나 시인의 측은지심은 아직도 "우리들의 삶, 고고한 척하지만/직립보행과 이성을 빼면/돼지나 개나 소나/사는 게 뭐 다르다고 할 수 있을까"(「등뼈」)라는 직설적 비난과 "나무에게 상처가 있다는 것을/날카로운 대팻날이 가장 먼저 안다/나무의 상처를 읽는 동안/대팻날도 제 몸에 상처를 남긴다/아픔은 가슴으로 이해해야 한다는 것"(「대패의 독서법」)과 같은 잠언(箴言)적 정의에서 멈추고 만다. 하지만 이것이 진면목은 아닐 것이다. 사물을 의인화하는 가장 큰 목적은 물론 인간 세계에서 그만한 전범(典範)을 찾을 수 없다는 비관의 발로이기도 하지만, 또한 그 비관을 드러냄으로써 하나의 교훈을 그 지향점을 향해 세우고자 함이 아니던가?

서용기 시인은 아직도 그의 '검법'을 수련하고 있는지도 모른다. 아니다, 이제 만인에게 전수(傳受)하고자 겨우 몇 초식을 시연(試演)했을지도 모른다. 전후 사정은 차치하고, 그는 자신의 검법의 진수를 '오픈 소스(open source)' 했다. 그 미덕에 갈채를 보낸다.

저마다 하늘을 찌르는 칼을 키운다
바람으로 제 칼날을 세우고
눈비로 제 몸을 단련한다
발을 움직이지 않는 검법을 익혔으나
적은 절대 찾아 나서지 않는다
먼저 적을 향하여 칼을 뽑지도 않는다
칼끝이 지나가면 상처는 아물어도
마음의 상흔은 영원히 남는 것이니
자, 다시 한 번 장고할 것
제 영역의 드넓은 푸름을 위하여
저희들끼리 서로 칼을 겨누기도 한다
그러나 동족끼리 피를 흘리는 경우는 없다
칼로 세상을 빼앗지 않는다
오직 어둡고 찬 땅에게 은밀히 손을 내민다
초록의 새싹이 출렁이는 들판을 이룰 때까지
눈을 감아 바람으로 날만 다듬고
발을 고정한 채 달빛 아래 수도한다

이윽고 새벽녘 제 스스로 터득한 비법
스윽, 스윽 동녘 허공의 급소를 찌른다
밤새 바람과의 결투는 끝나고
이슬에 젖은 푸른 도량 가득
어둠을 뚫고 붉게 솟아오르는
아, 저 눈부신 햇살

—「풀의 검법」 전문

보이지 않는, 일종의 '바람'과 같은 온갖 이념과 체제와 욕망의 이미지들과 싸우는 검법은 아무리 자연(풀)에 기댄다 할지라도 결코 쉽지 않을 것이다. 그러나 시인이 "어둠을 뚫고 붉게 솟아오르는/아, 저 눈부신 햇살"을 지향하는 내내 그 검법은 세련되고, 노련해지고, 낯설고, 익숙해져 끝내는 무화(無化)되어 독자들 가슴마다 저마다의 검법으로 싹틔우게 되리라 믿는다.

이 도서의 국립중앙도서관 출판시도서목록(CIP)은 서지정보유통지원시스템 홈페이지(http://seoji.nl.go.kr)와 국가자료공동목록시스템(http://www.nl.go.kr/kolisnet)에서 이용하실 수 있습니다.(CIP제어번호: CIP2016021186)

문학의전당 시인선 234

새에게 묻는다

© 서용기

초판 1쇄 인쇄 2016년 9월 1일
초판 1쇄 발행 2016년 9월 8일

지은이 서용기
펴낸이 고영
책임편집 류미야
디자인 헤이존
펴낸곳 문학의전당
출판등록 제311-2012-000043호
주소 서울시 은평구 연서로11길 7-5 401호
전화 02-852-1977 팩스 02-852-1978
전자우편 sbpoem@naver.com

ISBN 979-11-5896-277-7 03810